Gloria Fuertes

La poeta con alma de niña

Texto: José Morán
Ilustraciones: Francisco Solé
Diseño y realización: delicado diseño

© SUSAETA EDICIONES S.A.
C/ Campezo, 13 – 28022 Madrid
Tel.: 91 3009100
general@susaeta.com
www.susaeta.com

D.L.: M-8734-2025

Gloria Fuertes

La poeta con alma de niña

José Morán
Ilustrado por Francisco Solé

Sumario

Una castiza universal

Gloria Fuertes (Madrid, 1917–1998) es **una de las poetas más populares y queridas de la literatura española contemporánea.** La mayoría de la gente solo la conoce por su **extensa obra para niños,** sobre todo desde que presentó en televisión, con su pintoresca indumentaria, varios programas infantiles durante las décadas de los setenta y ochenta del pasado siglo.

Pero ella **escribió también magníficos libros de poesía dirigidos al público adulto** (*Aconsejo beber hilo, Cómo atar los bigotes al tigre, Poeta de guardia* y muchos más), en los que buceó en los temas universales de la existencia humana: amor, dolor, soledad, injusticia, muerte, paz, Dios… Y los trataba con sencillez, ingenio y humor desde una perspectiva autobiográfica.

Gloria Fuertes era una persona **buena, cariñosa, divertida, original,** disparatada, hipersensible, pacifista, independiente, feminista, solidaria, carismática y muy castiza. «Un milagro con flequillo», según la feliz definición de su amiga Belén Reyes.

Niña de suburbio

Gloria Fuertes **nació en Madrid** durante el verano de 1917 en la calle de la Espada, situada en el castizo **barrio de Lavapiés**, cerca del Rastro, habitado entonces por familias muy humildes. En su casa no tenían luz ni agua, ni mucho menos juguetes. Era **la cuarta de cinco hermanos**.

El portero y la modista

Su padre, José, hombre muy espiritual, **era conserje** de La Gota de Leche, institución que dispensaba leche a los niños necesitados. **Su madre,** Gloria, que tenía un genio de aúpa, trabajaba como **costurera**.

Calle de la Espada

Lectora prematura

La chiquilla salió espabilada. **Aprendió a leer sola con tres años.** Cuando creció un poco, cogía la calderilla del monedero de su madre para comprar tebeos, que devoraba a escondidas porque a su madre no le hacía ninguna gracia aquella afición precoz a la lectura.

Deportista

Estudiaba en un colegio de monjas, demasiado serias para su gusto. Le encantaba el deporte. **Jugaba al fútbol como delantera,** nada menos que en el Butapercha, un equipo de su barrio. También practicaba *hockey* y baloncesto.

No cualquier cuento

De pequeña **le daban miedo algunos cuentos,** como *Caperucita,* que acaba en la tripa del lobo, o *Blancanieves,* tan pálida en su féretro de cristal. En cambio, *Pinocho* le rechiflaba.

DIJO...

*«**Mi mejor juguete** lo encontré en el barro. Era **un perro** muy feo recién nacido, aún no andaba, todavía tenía los ojos cerrados. Me lo llevé a mi casa y lo escondí en una caja de zapatos. Le llamamos **Pirulín de La Habana».***

Gloria Fuertes

Poeta adolescente

En 1932, contrataron al padre de Gloria como **portero de una mansión** de la calle Zurbano, en una zona noble de Madrid, y se instaló allí con su familia. Se las prometían muy felices con aquel cambio, pero **se avecinaban malos tiempos para los Fuertes**. Gloria tenía 14 años.

Estudios para chicas

La madre de Gloria **matriculó a su hija en el Instituto Profesional de la Mujer.** Allí estudió mecanografía, contabilidad, cocina, corte y confección… **Pero Gloria no quería** ni de broma **ser costurera ni sirvienta.**

Escritora precoz

A ella lo que le gustaba era escribir. Y se le daba fenomenal. **A los 15 años publicó su primera poesía**, titulada: «Niñez, Juventud, Vejez», en la revista *Lecturas*. Y a los 17 escribió su primer libro de poesías (que se publicó muchos años después).

SORPRENDENTE

Cuando falleció su madre, Gloria arrimó el hombro para ayudar a su familia. Uno de sus trabajos fue **contar huevos** y colocarlos en cartones. Le pagaban **una peseta por cada cien huevos,** y le descontaban los que rompía (¡muchos!).

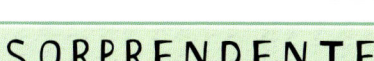

Dos grandes desgracias

En 1934, Gloria sufrió dos terribles hachazos difíciles de superar: las repentinas **muertes** de su **madre** y de su muy querido **hermano pequeño, Angelín,** de siete años, atropellado.

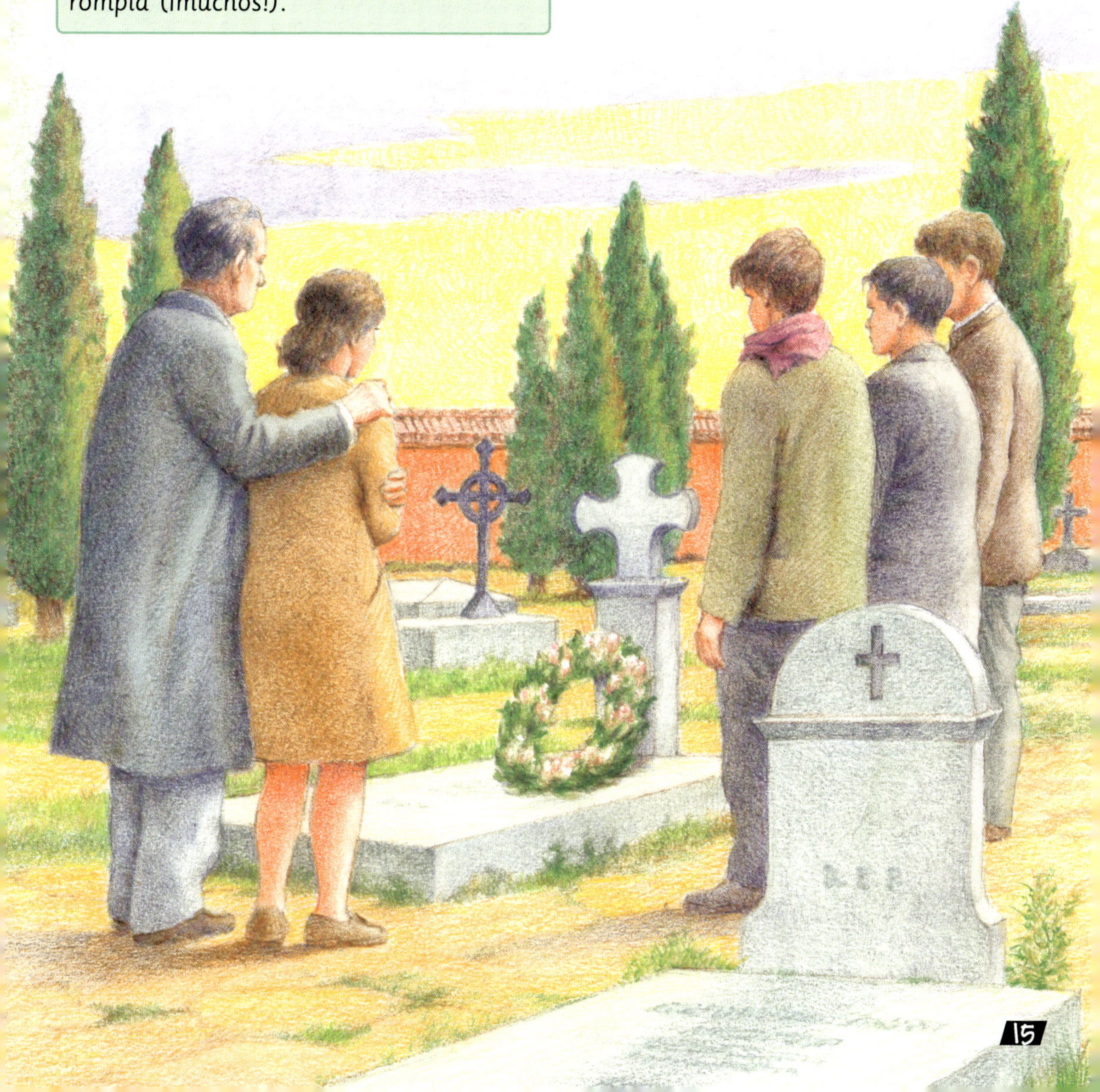

Un espanto de guerra

Tenía Gloria 19 años cuando se produjo el golpe de Estado contra la República y se desencadenó la guerra en España. Para ella fue como **una pesadilla interminable,** una época tenebrosa, terrible, tristísima. La guerra **transformó** profundamente su visión del mundo. Desde entonces se definió como **pacifista y poeta,** los dos rasgos esenciales de su personalidad.

El horror

Madrid era un infierno. Decía Gloria que **«llovían» muertos,** víctimas de los bombardeos, que provocaban **pánico y odio** entre la población. Los heridos lanzaban gritos desgarradores. Todo el mundo pasaba un **hambre** atroz.

Los novios muertos

La pobre Gloria perdió dos novios en la guerra. Uno en cada bando. A **Manolo, un obrero anarquista,** chulapo y guasón, lo dieron por desaparecido. A **Eugenio, médico y pintor,** simpatizante de la derecha, lo fusilaron.

Obuses y poemas

Durante el sangriento conflicto, Gloria **trabajó como contable en una fábrica de armas.** Aquello no le gustaba ni un pelo, pero no le quedaba otra. Utilizaba los tarjetones de la empresa para escribir poesías pacifistas.

Para todos los públicos

La **posguerra** fue una época **dura**. Había que buscarse la vida, y eso hizo Gloria, decidida a ser escritora. Su creación poética **se dirigió tanto a los niños como a los adultos.** Sus versos destacaron por el ingenio, espontaneidad, ironía y la denuncia de las injusticias.

Poesía infantil

Fue **redactora** de las revistas *Flechas y Pelayos, Maravillas* y *Chicas.* Publicaba en ellas divertidos cuentos y sonoros poemas. Así nacieron dos de sus personajes más famosos: **Coleta,** una niña parecida a Gloria, y el travieso **Pelines.** Sus **primeros libros infantiles** publicados fueron *Canciones para niños,* en 1949, y *Piruli,* en 1950.

Poesía disparatada

Influida por el escritor **Ramón Gómez de la Serna** y por su íntimo amigo **Carlos Edmundo de Ory,** Gloria asistió con otros artistas a las tertulias del **movimiento postista,** de carácter anárquico, surrealista y provocador. Se lo pasaban ¡de cine!

José Manuel Caballero Bonald

Gabriel Celaya

Poesía social

También formó parte de la **generación del 50**, compuesta por escritores que **padecieron la guerra en su juventud:** Blas de Otero, Hierro, Crespo, Rodríguez, García Nieto, Bousoño, Valente, Gil de Biedma…, y sus amigos Celaya y Nieva. El primer libro de poesía para adultos de Gloria Fuertes fue *Isla ignorada* (1950).

Versos con faldas

Gloria es **una de las voces pioneras** de la **poesía femenina de posguerra,** momento en el que las mujeres estaban mal vistas en el ámbito cultural y tenían muy difícil publicar. Desarrolla una **infatigable labor como escritora** y promotora de la lectura. Crea la revista *Arquero,* recita en la radio, viaja…

Solo para mujeres

En 1951, junto con otras escritoras, **fundó VERSOS CON FALDAS,** un grupo femenino que realizaba lecturas poéticas en teatros, cafés y tabernas. Con frecuencia, por el machismo imperante, **se reían de ellas** y boicoteaban sus actos.

Con una moto

Gloria, que era la mar de moderna, **cambió la bici por una vespa.** Conducía sonriente y despeinada, vestía una **falda pantalón** muy atrevida para la época, y, en el sillín trasero, portaba una caja de cartón llena de libros.

Su gran amor

En 1955, conoció a la profesora de español **Phyllis Turnbull** en el Instituto Internacional, donde Gloria estudiaba Biblioteconomía e Inglés. Phyllis se convirtió en su pareja y acaso **la persona más importante de su vida**.

Phyllis Turnbull

Anécdota

Gloria **escribía** con frecuencia en la famosa **Taberna de Antonio Sánchez**, la más antigua de Madrid (abrió en 1787), situada en el corazón de Lavapiés, el barrio de su infancia. Junto a su mesa preferida **luce hoy una foto de la poeta**.

Profesora en América

Durante tres años, Gloria Fuertes trabajó en Estados Unidos como **profesora universitaria de Literatura Española.** Es curioso: la primera vez en su vida que pisó una universidad fue para dar clase. Fue una experiencia enriquecedora para ella y sus alumnos, que **la eligieron la mejor docente.**

A Pensilvania

Gracias a Phyllis Turnbull, en el Instituto Internacional le concedieron a Gloria **una beca** para enseñar en varias universidades de **Pensilvania,** y allí estuvo **de 1961 a 1963.**

Antibelicista

Clases y recitales aparte, Gloria viajó mucho, asistió a fiestas y conciertos y se relacionó con **los *hippies,*** que **le encantaban,** y con otros jóvenes reclutados para ir a la **guerra de Vietnam.** Los animaba a manifestarse y a negarse a luchar.

STOP THE WAR NOW

El regreso

Cuando volvió a España, impartió clases de español, **publicó** dos de sus mejores libros (*Poeta de guardia,* para adultos, y *Cangura para todo,* infantil, que obtuvo el prestigioso premio Lazarillo) y colaboró en *La Codorniz,* la célebre revista de humor fundada por Miguel Mihura.

Biblioteca itinerante

Juntas, las dos profesoras **Phyllis y Gloria** organizaron una **biblioteca infantil ambulante.** Recorrían los pueblos más deprimidos de la sierra de Madrid y leían libros a niños analfabetos.

¿Sabías...

... que Gloria no calificaba a sus alumnos del 0 al 10, sino con letras (de la A a la C)? Lo documenta Paloma Porpetta, archivera e investigadora, que conserva el archivo personal de la poeta. Al parecer, **quería evitar el número 0,** que le daba pena porque no vale nada.

Adorada por los niños

La fama de Gloria subió como la espuma con sus apariciones en programas infantiles de televisión. Gracias a su simpatía, **se convirtió en una de las personas más queridas de España**. Pero, al ser etiquetada como «la amiga de los niños», su poesía para adultos se vio injustamente eclipsada.

Carismática

Desde 1974 hasta 1979 presentó en TVE el popular programa *Un globo, dos globos, tres globos* y después *La cometa blanca.* Su **figura estrafalaria,** humor disparatado y complicidad con los niños dispararon las audiencias.

Anécdota

Recuerda el escritor Jorge de Cascante que, durante un recital, había **un niño que lloraba**. Gloria se acercó a él, le hizo mil carantoñas e incluso **se bebió una lágrima** del pequeño, que por fin rompió a reír.

Feria del Libro

Cuando iba a firmar sus obras al parque de **El Retiro,** las colas que se formaban eran tan largas que la policía tenía que poner orden. Un día, una mujer le confesó: **«Gracias a sus poemas yo no me he suicidado».** Gloria se estremeció.

Cantante y letrista

Cantaba bien y recitaba de escándalo. Grabó discos con el grupo Aguaviva *(La casa de san Jamás)* y Mari Pepa de Chamberí *(Bebo para verte doble).* **Compuso letras** para Paco Ibáñez, Rosario Flores, Ismael, Olga Ramos…

Toda clase de amigos

Como **era una mujer cariñosa,** cercana y sin prejuicios, **se hacía querer.** Tenía amigos de todos los pelajes: intelectuales, obreros, niños, locos, escritores, cantantes, pintores, humoristas, maestros, camareros, sacerdotes, tenderos… Resulta imposible mencionar aquí a todos sus amigos.

Phyllis

La profesora norteamericana Phyllis Turnbull fue **su gran amor.** Se conocieron en 1955, vivieron juntas y **separaron sus caminos en 1970.** Un año después, cayó enferma y falleció. Gloria se sumió en una **honda depresión.**

Escritores famosos

Los poetas **De Ory, Celaya** y **Hierro;** el dramaturgo **Nieva;** los novelistas Camilo José **Cela,** Premio Nobel de Literatura, y **Gala;** la guionista **Lolo Rico;** el maestro de columnistas Manuel **Alcántara,** y muchos más.

Phyllis
Turnbull

Carlos
Edmundo
de Ory

Antonio
Gala

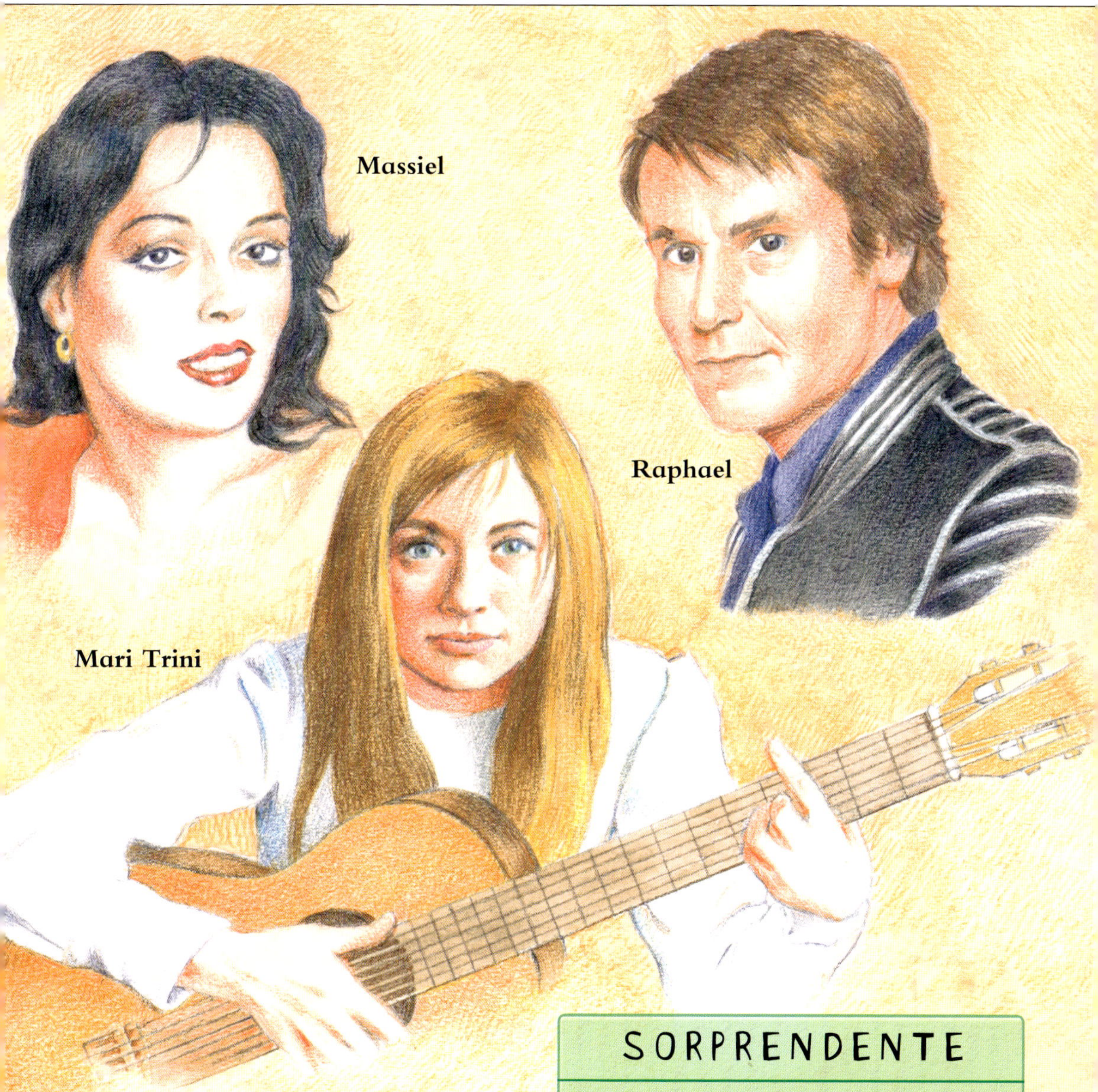

Massiel

Raphael

Mari Trini

Cantantes célebres

Ismael Peña (que a la muerte de Gloria heredó los muebles y objetos de su casa), **Mari Pepa** de Chamberí, **Mari Trini** (Gloria asistía a todos sus conciertos), las estrellas **Massiel** y **Raphael**…

Persona y personaje

La Fuertes era una **gran persona**. Buenaza, lista, hipersensible, profunda, ocurrente, religiosa y muy madrileña. Y también un **gran personaje** con una imagen pública inconfundible. Gordita, de pelo corto y flequillo, como una niña grande pero rebelde, de voz cazallera, y vestida con pantalones, chaleco y corbata de colores chillones.

Pacifista

Este **es el rasgo** de su personalidad **que mejor la define**. Odiaba las guerras, todas, y **sufría con los que sufrían**, todos. Le daba un vuelco el corazón cuando pasaba delante de un mendigo, un hospital o una cárcel.

Glo
Gloria, delgada

Solitaria

A pesar del cariño que daba y recibía de sus muchos amigos, casi siempre, desde su infancia, **se sabía sola**. «Vivo sola, cabra sola, que no quise cabrito en compañía», escribió con su habitual humor.

SORPRENDENTE

Una vez, después de un recital para adultos en el que manifestó que se sentía muy sola, se le acercó **un matrimonio** ya maduro. Aquella pareja **le propuso adoptarla, ella aceptó** y días después se presentaron los tres ante un notario.

¿Con qué disfrutaba?

Le encantaba la **inocencia** del niño («el único cachorro que ríe», decía), la vida **bohemia**, los **toros**, el **tabaco** (fumaba mucho, demasiado), el **whisky** (no bebía poco), el **cocido**, los **chistes**, el **mar**, las **tertulias** y **trasnochar**.

La casa de Gloria

Desde que regresó de América vivió en la calle Alberto Alcocer, cerca del Bernabéu. Poco a poco **convirtió su hogar en** una especie de **museo** personal, vivo y caótico, con un **encanto** indefinible, abarrotado de recuerdos entrañables y trastos desordenados.

Muchos cachivaches

Presidía la puerta de su casa un **elefante rosa** de barro. Las mesas y paredes lucían atestadas de **cuadros naíf**, viejas **fotografías**, libros apilados, **dibujos** del poeta Alberti y de niños, un reguero de **notas manuscritas**...

La Olivetti

En la mesa camilla destacaba **su máquina de escribir**, adquirida en los años setenta. La primera que compró, hacia 1953, le costó 4000 pesetas (unos 24 €). Tecla a tecla, verso a verso, tomaban forma en ella las ideas recogidas en sus papelitos.

El belén y un tiovivo

El belén, con río de plata, musgo e incontables pastores, **no lo quitaba hasta mayo.** También **tenía un** pequeño **tiovivo:** «Un día por la calle me paró un loco, me dio un beso, me regaló el tiovivo, y aquí está», explicaba.

Con su amiga Belén Reyes

Acogedora y maternal

Acogía en su casa a **jóvenes poetas y cantautores,** a los que animaba y daba consejos. Entre los más habituales se encuentran su gran amiga Belén Reyes, Julio Santiago, Moncho Otero y Pablo Méndez.

¿Sabías...

... que recibía montones de **cartas de admiradores?** A veces había en su buzón alguna que solo ponía en el sobre: **«Gloria Fuertes. Madrid».** ¡Y le llegaba!

Mujer de verso en pecho

A Gloria, ya entrada en años, **le llegó el tiempo de los reconocimientos:** Aro de Oro de RTVE, Medalla de la Cruz Roja, Dama de la Paz, Asociada de honor de Unicef. También la homenajearon los humoristas Martes y Trece en una **desternillante imitación** televisiva de la poeta.

No paraba quieta

Ella **seguía muy activa:** recitales, firmas, entrevistas… Una de sus intervenciones más celebradas fue en Arenas de San Pedro junto a su amigo el genial maestro **Federico Martín,** con quien improvisó un **delirante diálogo** surrealista.

Más y más libros

Publicaba asiduamente desde los años cincuenta. Algunos de sus últimos libros fueron el *Diccionario Estrafalario, Versos fritos* (infantiles) y *Mujer de verso en pecho* (para adultos), que presentó Camilo José Cela en la sala Suristán.

Camilo José Cela

DATO

A lo largo de su vida **publicó 20 libros de poesía para adultos** y unos **100 libros infantiles**. En la Fundación Gloria Fuertes, que custodia su legado, se conservan **12 000 notas manuscritas** e incontables fotos y otros documentos de la poeta.

Noctámbula incurable

Participaba en los **programas de radio de madrugada** de María Quirós, José Manuel Parada y otros famosos comunicadores. Al volver a casa, se tomaba un *whisky* y rezaba a su manera en la terraza. Se dormía con la radio puesta. No madrugaba…

Gloria Fuertes
POEMAS DEL SUBURBIO
TODO ASUSTA

ISLA IGNORADA
GLORIA FUERTES

Gloria Fuertes
GEOGRAFIA HUMANA
y otros poemas

EL LIBRO DE LAS MARAVILLAS
Gloria Fuertes
NATURALEZA · ANIMALES · PERSONAS
SUSAETA

EL LIBRO DE
Gloria Fuertes
para niñas y niños
ILUSTRADO POR MARTA ALTÉS
VERSOS, CUENTOS Y VIDA

GLORIA FUERTES
Versos fritos
SUSAETA

Gloria eterna

En 1998, al regresar de su querida tierra malagueña, donde veraneaba desde los años setenta, **le diagnosticaron un cáncer.** Siguió un tratamiento y contrató a una enfermera llamada Nuria para que la atendiera. **Pero ya era demasiado tarde.** Dijo a algunos amigos que «estaba a solas con Dios y su dolor».

El adiós

Falleció el 27 de noviembre en el hospital de La Princesa, en Madrid. Había sido ingresada tres días antes. Su amiga, **la cantante Mari Trini, la acompañó** y entonó para ella la última canción. Gloria tenía 81 años.

Testamento

Cedió los derechos de autor de sus obras a **Luzmaría Jiménez,** poeta, editora y creadora de la **Fundación Gloria Fuertes,** dirigida actualmente por su hija Marta Porpetta. Gloria donó sus ahorros al centro educativo La Ciudad de los Muchachos.

Sepultura

Gloria Fuertes descansa en el **cementerio de La Paz,** de Alcobendas (Madrid). En su sepultura se puede leer una frase de la famosa **poeta de guardia.**

DIJO...

«*Ya creo que lo he dicho todo, y que ya todo lo amé*».

Autobíos y Glorierías

Gloria **se autorretrataba en breves poesías** que denominaba *autobíos* o *glorierías,* y en otros versos de su obra. Por ejemplo:

«Antes que mujer y poeta soy pacifista».

«Yo misma fui mi primera muñeca».

«No tenía más que un traje, un cuaderno y mucho miedo a que se gastara el lápiz».

«Ni fui madre, ni esposa, ni viuda, ni religiosa; y sin embargo, soy madre de todos los niños del mundo; esposa, porque esposé con todos mis amores; viuda, porque enviudé de penas y alegrías; religiosa, porque fundé mil casas con mis versos».

«Soy capaz de hacer trampas para que no me gane la tristeza».

«No me asustan la soledad y el silencio, son los lugares preferidos de Dios para manifestarse».

CRONOLOGÍA

1917: Nace en Madrid, en el castizo barrio de Lavapiés, el 28 de julio. Es la cuarta de cinco hermanos.

1920: Aprende a leer sola a los tres años de edad. Lee a escondidas.

1931: Estudia en el Instituto de Educación Profesional de la Mujer.

1934: Mueren su madre y su hermano pequeño. Se pone a trabajar para ayudar económicamente a su familia.

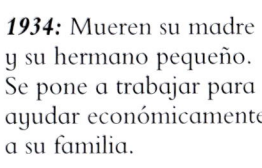

1936: Estalla la Guerra Civil. Gloria sufre mucho, pasa hambre, se hace poeta y pacifista a prueba de bombas.

1940: Al terminar la guerra, publica sus primeros cuentos y poesías infantiles en las revistas *Maravillas* y *Flechas y Pelayos*.

1948: Participa en las disparatadas tertulias literarias del movimiento postista junto a sus amigos De Ory y Celaya.

1949: Sale a la luz su primer libro de poesía infantil, *Canciones para niños*.

1950: Publica su primer libro de poesía para adultos, *Isla ignorada*.

1951: Funda con unas amigas el grupo literario femenino y feminista VERSOS CON FALDAS.

1955: Conoce a la hispanista Phyllis Turnbull, que fue la persona más importante de su vida.

1961: Viaja a Estados Unidos e imparte clases de Literatura Española en la Universidad de Pensilvania.

1963: Regresa a España. Imparte clases de español y organiza una biblioteca ambulante junto a Phyllis.

1966: Su libro de cuentos *Cangura para todo* obtiene el Premio Lazarillo.

1970: Colabora con *La Codorniz,* revista satírica fundada por Miguel Mihura.

1974: Presenta en TVE varios programas infantiles durante una década. Se convierte en una celebridad.

1997: Entre muchas otras distinciones y reconocimientos, es nombrada Asociada de honor de Unicef.

1998: Fallece en Madrid, el 27 de noviembre, a los 81 años.